Made in the USA
Coppell, TX
11 November 2023

24097445R00063